まちごとインド

West India 005 Udaipur
ウダイプル（チットールガル）
武勇王と豪奢な「湖畔宮殿」
उदयपुर

Asia City Guide Production

【白地図】ラジャスタン州

INDIA
西インド

【白地図】ウダイプル

INDIA
西インド

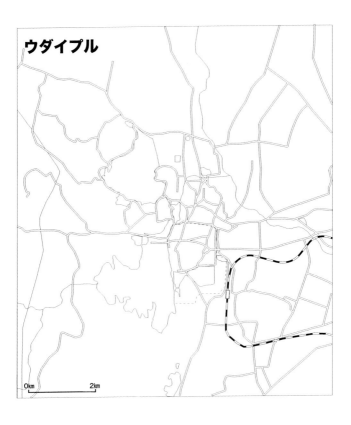

【白地図】ピチョラレイク湖畔

INDIA
西インド

ピチョラレイク湖畔

【白地図】シティパレス

INDIA
西インド

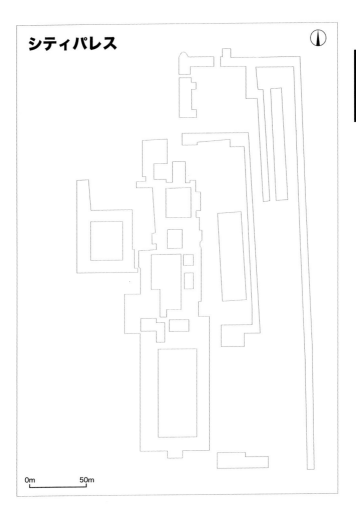

【白地図】ウダイプル旧市街

INDIA
西インド

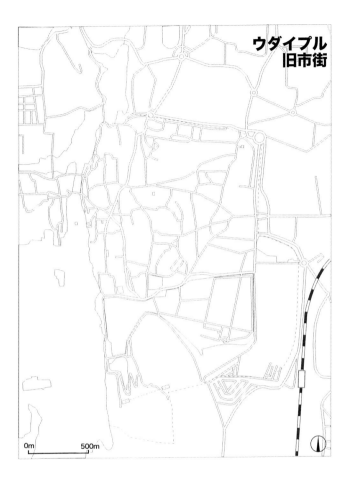

ウダイプル
旧市街

Udaipur 白地図

【白地図】ウダイプル新市街

INDIA
西インド

【白地図】ファテーサーガル

INDIA
西インド

ファテー サーガル

Udaipur 白地図

【白地図】ウダイプル郊外

INDIA
西インド

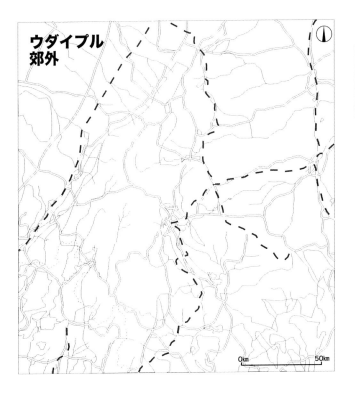

【白地図】エークレンジー

INDIA
西インド

【白地図】チットールガル

INDIA
西インド

チットールガル

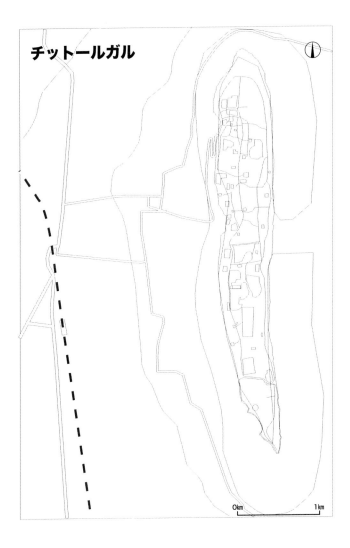

Udaipur 白地図

【白地図】チットールガル中心部

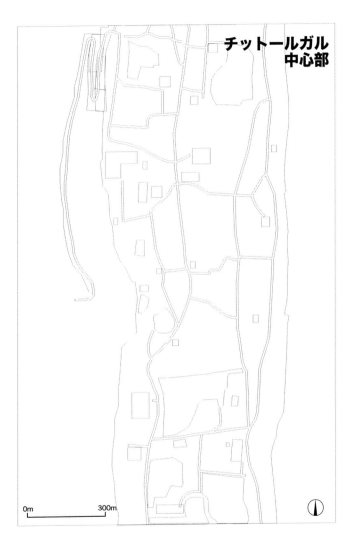

INDIA
西インド

【まちごとインド】
西インド 001 はじめてのラジャスタン
西インド 002 ジャイプル
西インド 003 ジョードプル
西インド 004 ジャイサルメール
西インド 005 ウダイプル
西インド 006 アジメール（プシュカル）
西インド 007 ビカネール
西インド 008 シェカワティ

ピチョラ・レイク湖畔にたたずむ白亜の宮殿を中心に広がるウダイプルの街。1559年、ラージプート族メーワール王家のマハラナ・ウダイ・シング2世によってつくられ、乾燥地帯の続くラジャスタン州にあって、豊かな水にめぐまれた「水の都」とたたえられる。

このウダイプルが建設される以前、メーワール王家の都は東100kmのチットールガルにあった（8〜16世紀）。勇猛さで知られるこの国では、敵の侵軍に対して最後のひとりまで戦い、強敵ムガル帝国相手でも敗北を認めず、徹底抗戦を続けた。

ウダイプル(チットールガル)
Udaipur
उदयपुर

　こうしたところと太陽に連なる王家の格式から、メーワール王家は「ラージプートの盟主」とされ、王は「マハラジャ(偉大な統治者)」ではなく「マハラナ(偉大な武将)」と呼ばれている。湖に浮かぶ豪奢な宮殿、白色に塗られた建物(ホワイト・シティ)が残るほか、丘陵や湖といった美しい自然に彩られている。

【まちごとインド】
西インド 005 ウダイプル

目次

ウダイプル	xxiv
高貴な王と美しき水の都	xxx
湖畔宮殿鑑賞案内	xxxix
旧市街城市案内	liii
武勇で知られたマハラナ	lxvii
新市街城市案内	lxxiv
市街北城市案内	lxxxii
郊外城市案内	xcii
チトル城城市案内	cvii
城市のうつりかわり	cxxv

【MEMO】

Udaipur ウダイプル

【地図】ラジャスタン州

INDIA
西インド

高貴な王
と美しき
水の都

INDIA
西インド

静かな湖のほとりに築かれたウダイプル
壮絶な戦いを見せてきた
シソーディア・ラージプート族の故地

ラジャスタンの「水の都」

ラジャスタン州をわけるように走るアラワリ山脈の東麓に位置するウダイプル。1559年、この都の造営にあたって、水源の確保と防御機能の考えられた計画都市となった（ウダイプル建設後、つぎつぎに人造湖がつくられていった。1559年に建設、1568年にチットールガルから遷都された）。西側にアラワリ山脈の水を集める水瓶のバディ・タラブ、そこからファテ・サーガル、サワルフ・サーガルをへてピチョラ・レイクへと人造湖が連続する。また市街の東にはウダイ・サーガルが位置し、外側に流れ出す水をせきとめる役割を果たす。

Udaipur 高貴な王と美しき水の都

ウダイプルにはこうした人造湖が大小100あると言われ、歴代のマハラナによって次々に造営されてきた。湖にのぞむ宮殿や建物が白く塗られていることから、「ピンク・シティ」ジャイプル、「ブルー・シティ」ジョードプルに対して、「ホワイト・シティ」と呼ばれている。

ラージプートのなかのラージプート

古代クシャトリアの末裔を自認するラージプート諸族は、8世紀以降、血縁関係をもとに大小異なるいくつもの氏族国家を樹立してきた。36あるというラージプート諸族のなかで

INDIA
西インド

も、ウダイプルのメーワール王家（シソーディア氏族）はもっとも高貴な格式をもつ。一族は7世紀ごろにはラジャスタン南東部のメーワール地方にあり、以来、1500年ものあいだこの地方に拠点を構えている。16世紀のムガル帝国バーブル帝のインド侵入にあたって、メーワール王家はラージプート連合軍をひきい、またラージプート諸国が次々にムガル帝国にくだるなかで最後まで抵抗を続けた。ウダイプルを中心とするメーワール王国の領土はウダイプル、チットールガル、ラージサマンドの領域にあたり、1947年までマハラナによる半独立状態の統治が続いた。

Udaipur 高貴な王と美しき水の都

▲左　白色に彩られたホワイト・シティ。　▲右　マハラジャ（偉大な王）ではなく、マハラナ（偉大な武将）と呼ばれたウダイプル王

降伏より名誉の死を

「鋤をとるときも剣を手放さない」と言われる勇敢な騎士階級のラージプート。なかでもメーワールは敵の手に落ちて屈辱を受けるよりも壮絶な死を選ぶことで知られ、古都チットールガルでは三度に渡って悲劇的なジャウハル（集団自決）が敢行された。イスラム勢力の攻撃を受け、敗戦が濃厚になると、メーワール王たちはわずかな世継ぎを落ちのびさせ、自らは玉砕の道を選んだ。ラージプート女性たちは化粧をして婚礼衣装をまとい、数千人が生きたまま炎のなかに飛び込んだ。男性たちは死に装束を着て敵軍に突撃し、生命を落と

▲左 ウダイプル近郊の丘陵地帯では独特の民俗が受け継がれてきた。 ▲右 壮絶な戦いが交わされたチットールガル

していった。ウダイプル（ウダイの街）はチットールガルでのジャウハル直前に逃れたマハラナ・ウダイ・シング2世（在位1537〜72年）によって1559年に築かれた。

ウダイプルの構成

ウダイプルは、デリーやアーグラからアラビア海に面したグジャラートへの幹線が走るラジャスタン南東部に位置する。街はピチョラ・レイクの東側に立つ宮殿を中心に、扇を描くように旧市街が広がり、城壁がめぐらされていた（王宮から半円形に街区が広がる構造は、古代インドの理想都市のひと

【MEMO】

【地図】ウダイプル

【地図】ウダイプルの [★★★]
- [ ] シティ・パレス City Palace

【地図】ウダイプルの [★★☆]
- [ ] ジャグデーシュ寺院 Jagdish Mandir
- [ ] ピチョラ・レイク Pichola Lake
- [ ] レイク・パレス Lake Palace
- [ ] サヘリヨン・バリ（侍女の庭）Saheliyon Ki Bari
- [ ] シルプグラム Silpgram

【地図】ウダイプルの [★☆☆]
- [ ] ジャグ・マンディル・パレス Jag Mandir Palace
- [ ] スクハディア・サークル Sukhadia Circle
- [ ] サジャンガル・パレス Sajjangarh Palace
- [ ] アハール Ahar

ウダイプル

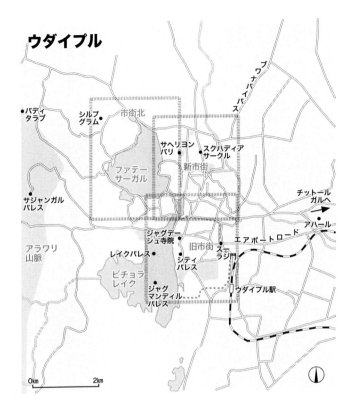

INDIA
西インド

つのプランにあたる)。現在はその北側と東側に新市街がつくられ、ラジャスタン南部の政治、経済、文化の中心地となっている。またウダイプル遷都以前に、メーワール王家の都がおかれていたチットールガル(世界遺産)が東郊外に、アラワリ山脈にはクンバルガル(世界遺産)、ジャイナ教聖地のアブー山やラーナクプルが位置し、ウダイプルはその足がかりになっている。

Guide,
City Palace
湖畔宮殿
鑑賞案内

堂々とした白亜のたたずまい
マハラナの収集した調度品や金銀細工で
彩られたウダイプル王家の宮殿

सिटी पैलेस；シティ・パレス City Palace［★★★］

シティ・パレスはピチョラ・レイクの湖畔に立つ宮殿で、今なおウダイプル王家の人々がここに暮らしている。1559年、マハラナ・ウダイ・シング2世（在位1537〜72年）によって建てられたあと、200年以上の月日をかけ、時代を追うごとに増築を重ねてきた（南北450m、東西240mの規模、高さ30mの6階建てシティ・パレスはラジャスタンでもっとも大きな宮殿と言われる）。1725年に整備されたトリポリア門の内側がシティ・パレスの域内で、金色に輝くメーワール王家の家紋がかかげられた入口から宮殿に入ると、孔雀の見

【地図】ピチョラレイク湖畔の [★★★]
- [ ] シティ・パレス City Palace

【地図】ピチョラレイク湖畔の [★★☆]
- [ ] クリスタル・ギャラリー Crystal Gallery
- [ ] ピチョラ・レイク Pichola Lake
- [ ] レイク・パレス Lake Palace
- [ ] ジャグデーシュ寺院 Jagdish Mandir
- [ ] バゴーレ・ハーヴェリー Bagore Ki Haveli
- [ ] ガンゴール・ガート Gangor Ghat

【地図】ピチョラレイク湖畔の [★☆☆]
- [ ] クロック・タワー Clock Tower
- [ ] ジャグデーシュ・チョウク Jagudish Chowk

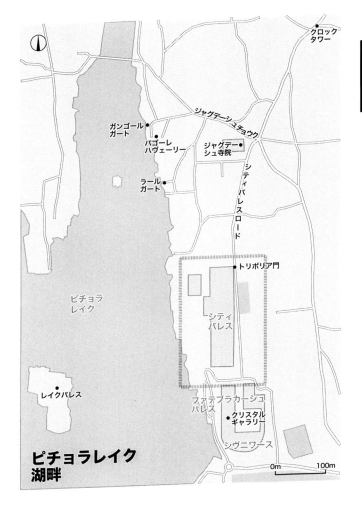

【地図】シティパレスの ［★★★］
☐ シティ・パレス City Palace

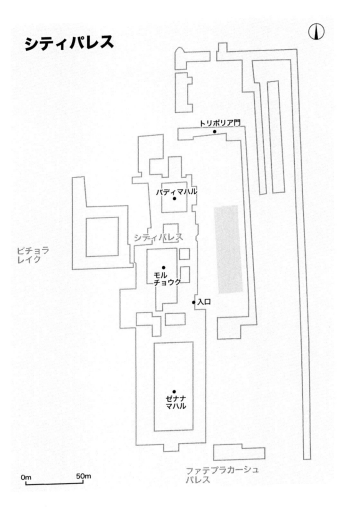

INDIA
西インド

事な彫刻が見られるモル・チョウク、クリシュナを題材としたラージプート絵画を飾るビム・ヴィラス、屋上庭園、王妃たちが暮らしたゼナナ・マハルなどの宮殿が展開する。これらの宮殿群は中国のタイル、イタリアのシャンデリア、ラージプート様式の透かし彫り、ムガル様式のアーチなどの異なる様式が融合している（19世紀以降、ラージプート王族は、競うように西洋文化をとり入れた）。現在、博物館として開館していて、マハラナの剣や武器、衣装、ラージプート絵画、ペルシャ製のグラスなどが展示されている。

▲左 シティ・パレスへの入口となるトリポリア門。　▲右 イギリス統治時代、ヨーロッパ人にも絶賛された宮殿

ラージプート絵画メーワール派

16〜19世紀に描かれたメーワール派と言われるラージプート絵画は、インド美術史の一大潮流をつくってきた。ラージプート絵画では、クリシュナ神やラーマ王子のヒンドゥー神話、王族の武勇、祭礼や狩猟などが題材とされた。ウダイプルでは16世紀以降、こうした絵画が描かれるようになり、目が大きく、輪郭線のはっきりした横顔を特徴とする（やがてムガル絵画の影響を受けて立体的な描写も見られるようになった）。西インドでは古くからジャイナ教徒のあいだで葉っぱの経典写本に絵画を描く伝統があり、12世紀にイスラム

教徒がペルシャから西インドに紙の製法を伝えた。

क्रिस्टल गैलरी；
クリスタル・ギャラリー Crystal Gallery ［★★☆］

シティ・パレス南側のシヴ・ニワースとファテ・プラカーシュ・パレスといった宮殿群は、ホテルとして開館している。とくにファテ・プラカーシュ・パレスに残る一室クリスタル・ギャラリーは、マハラナ・サジャン・シング（在位1874〜84年）によって集められた水晶、香水瓶、ガラスはじめ、最高級の調度品が見られる。

▲左　鏡細工が壁面を彩る。　▲右　精緻な孔雀の彫刻が見られるモル・チョウク

ウダイプル創世秘話

チットールガルからウダイプルへ遷されたメーワール王家の都をめぐってひとつの物語が伝わっている。1533年、グジャラートのイスラム政権バハードゥル・シャーに攻撃されたチットールガルのメーワール王家は、ジャワハル（集団自決）を決定し、1万3千人が生命を落とした。このとき一族の血をたやさないため、幼い王子を密かに逃し、1537年、マハラナ・ウダイ・シング2世（在位1537～72年）は若干6歳で第53代メーワール王に即位した。このウダイは跡継ぎ争いに巻き込まれ、暗殺されかけたが、そのとき乳母が機転を

INDIA
西インド

働かせてウダイを果物籠に隠し、代わりに「実の子」をベッドに寝かせて暗殺させた。生き延びたマハラナ・ウダイ・シング2世はチットールガルを修復し、1559年にウダイプル(「ウダイの街」)を建設した。その後の1568年、チットールガルはより強大なムガル帝国の侵攻の前に陥落すると、マハラナ・ウダイ・シング2世は奥地のウダイプルへ逃れ、ここにメーワール王国の都をおいた(チットールガルで王族や3万人もの農民が虐殺された)。

▲左 レイク・パレスは世界でもっとも贅沢なホテルのひとつ。　▲右 マハラナの体重と同じ重さの純金を貧者や寺院に喜捨する儀式のためのはかり

पिछोला झील；ピチョラ・レイク Pichola Lake ［★★☆］

ウダイプルの象徴とも言える豊かな水をたたえるピチョラ・レイク。ウダイプル建設以前、メーワール王家第45代ラクハ王（在位1382〜1421年）が河川の氾濫をふせぐために整備したのをはじまりとする。1560年、マハラナ・ウダイ・シング2世によるウダイプルの建設にあたって、アラワリ山脈からの流れを集めて水路を開き、現在の姿（人造湖）となった（ピチョラ・レイクという名前はこの近くにあったピチョリ村からとられた）。ピチョラ・レイク東の岸辺にマハラナの宮殿、湖上の島にはレイク・パレスが立つ。

INDIA
西インド

लेक पैलेस；レイク・パレス Lake Palace ［★★☆］

ピチョラ・レイクに浮かぶ花崗岩と白大理石製の美しい宮殿レイク・パレス。1746年、マハラナ・ジャガット・シング2世（在位1734〜52年）の命で建てられたジャグ・ニワース（「地上を統べるクリシュナ神の宮殿」）を前身とする。宮殿の構造をそのままに、贅をつくした調度品、シャンデリアなどを備えた最高級ホテルとして開館し、海外からの要人や賓客が宿泊している。

जग मंदिर पैलेस；
ジャグ・マンディル・パレス Jag Mandir Palace ［★☆☆］

レイク・パレスよりも古い伝統を誇る湖上の宮殿ジャグ・マンディル・パレス。マハラナ・カラン・シング（在位1620～28年）が建て、マハラナ・ジャガット・シング（在位1628～52年）が再整備した。美しいドーム、庭園をもつほか、のちにムガル第5代皇帝に即位するシャー・ジャハーン帝が1623～24年ここに滞在した（父の第4代ジャハンギールに反抗し、この宮殿を避難所として利用した。この皇帝はタージ・マハルを造営している）。

Guide,
Old Udaipur
旧市街
城市案内

16世紀以来の伝統をもつ旧市街
細い路地が迷路のように走り
バザール、寺院などで人々の営みが見られる

पुरानी उदयपुर ; 旧市街 Old Udaipur ［★★☆］

ピチョラ・レイクを背にして東側に広がるウダイプルの旧市街。かつて市域をとり囲むように城壁が走り、11の門がおかれていたが、現在はそのうちの5つが残る。朝日ののぼる東側のスーラジ門が正門にあたり、そこから旧市街の目抜き通りバダ・バザールが伸びる。

घंटाघर ; クロック・タワー Clock Tower ［★☆☆］

旧市街各方面に路地が伸びる五叉路に立つクロック・タワー（南のシティ・パレス、東のスーラジ門への起点になる）。4

層からなり、上部にドームを載せる時計塔は、ウダイプルに「とき」を知らせてきた。

जगदीश मंदिर；ジャグデーシュ寺院 Jagdish Mandir[★★☆]

ジャグデーシュ寺院はウダイプルで最大のヴィシュヌ派寺院で、ラクシュミー・ナラヤン神がまつられている。17世紀初頭、ウダイプルの宮殿が次々に拡張されるなか、この寺院は1651年にマハラナ・ジャガット・シング(在位1628～52年)によって建てられた。ウダイプル宮殿からわずかの地点(北200 m)に立ち、基壇に続く階段をのぼった先には白のシカ

【MEMO】

【地図】ウダイプル旧市街

【地図】ウダイプル旧市街の [★★★]
- [ ] シティ・パレス City Palace

【地図】ウダイプル旧市街の [★★☆]
- [ ] 旧市街 Old Udaipur
- [ ] ジャグデーシュ寺院 Jagdish Mandir
- [ ] バゴーレ・ハーヴェリー Bagore Ki Haveli
- [ ] ガンゴール・ガート Gangor Ghat
- [ ] ピチョラ・レイク Pichola Lake
- [ ] レイク・パレス Lake Palace

【地図】ウダイプル旧市街の [★☆☆]
- [ ] クロック・タワー Clock Tower
- [ ] ドード・タライ Doodh Talai
- [ ] カルニマタ女神寺院 Karni Mata Mandir
- [ ] グラブ・バーグ Gulab Bagh
- [ ] ジャグ・マンディル・パレス Jag Mandir Palace
- [ ] ファテー・サーガル Fateh Sagar

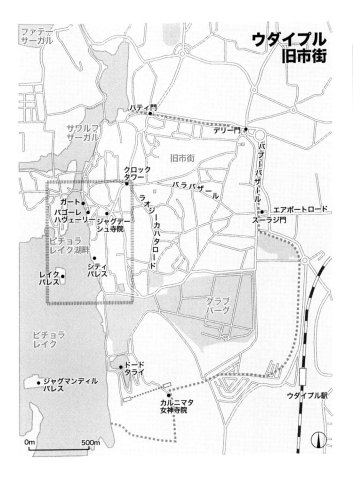

INDIA
西インド

ラ屋根をもつ寺院本体が位置する(前殿とシカラをもつ本殿からなり、その周囲に回廊をめぐらせた北インド様式のヒンドゥー寺院で、カージュラホで見られるものと共通する)。寺院壁面や柱には象や踊り子が彫刻され、ヴィシュヌ神の乗りもの神鳥ガルーダの姿も見える。

ヴィシュヌ派とラクシュミー・ナラヤン神

ヒンドゥー教の二大宗派のシヴァ派とヴィシュヌ派。シヴァ派は、『ヴェーダ』に描かれた暴風神ルドラと、南アジアのモンスーンや男性器リンガなど土着の信仰を融合させ、イン

▲左 旧市街の中心に立つクロック・タワー。　▲右　ジャグデーシュ寺院はウダイプルでもっとも大きなヒンドゥー寺院

ド各地の女神をシヴァ神の配偶神とすることで体系づくってきた。一方で、ヴィシュヌ派はラーマ王子、ヴァースデーヴァ、クリシュナ、ナーラーヤナ、ブッダなどインド各地の部族長や実在の人物を「ヴィシュヌ神の化身である」として一大宗派へ展開させた。ジャグデーシュ寺院にまつられているナーラーヤナ(「人間の避難所」を意味する)は古くは特定の人々に信仰されていた神さまだったが、紀元前後にはヴィシュヌ神と同一視されるようになった。シェーシャ蛇神のうえに身体を乗せ、妻のラクシュミー女神を足元に坐らせる図像で知られる。

INDIA
西インド

जगदीश चौक ;
ジャグデーシュ・チョウク Jagudish Chowk [★☆☆]

ジャグデーシュ寺院のそばから、ピチョラ・レイクに面したガート方向へ伸びるジャグデーシュ・チョウク。細い路地の両脇に土産物店、ホテル、旅行代理店などがずらりとならび、多くの人が往来する。

बागोर की हवेली ;
バゴーレ・ハーヴェリー Bagore Ki Haveli [★★☆]

バゴーレ・ハーヴェリーは、18世紀、メーワール王国の宰

▲左　土産物店がならぶ、ジャグデーシュ・チョウク付近にて。　▲右　博物館となっている官吏の邸宅跡バゴーレ・ハーヴェリー

相をつとめたアミール・チャンド・バドワの邸宅跡。このハーヴェリーは100の部屋をもつウダイプル屈指の大邸宅で、メーワール王家の人々が使った武器やターバン、楽器、絵画などが展示されている。中庭をもち、四方を厚い壁に囲まれたペルシャ起源の邸宅ハーヴェリーは、16世紀のムガル帝国の成立とともに北インドにもたらされた。

गणगौर घाट；ガンゴール・ガート Gangor Ghat［★★☆］

ピチョラ・レイクにのぞむ階段状のガンゴール・ガート。朝、沐浴をして身を清める人々の姿があるほか、洗濯をする人、

音楽師や芸人の姿も見える。またウダイプルの祭りでは、このガートに女神像を沈めるなど、街の中心のひとつとなっている。近くにはラール・ガートも位置する。

दूध तलाई ; ドード・タライ Doodh Talai ［★☆☆］

シティ・パレスの南側、堤防をはさんでピチョラ・レイクに隣接するドード・タライ（庭園）。美しい夕陽が見えるサンセット・ポイントとしても知られる。

▲左　さまざまな人の営みが見られるガンゴール・ガート。　▲右　牛が闊歩する旧市街

करणी माता मंदिर ;
カルニマタ女神寺院 Karni Mata Mandir［★☆☆］

ピチョラ・レイクをのぞむマチャラ・ヒルに立つカルニマタ女神寺院。カルニマタは14世紀、ジョードプル近くのスワップ村に生まれた実在の人物で、寺院には彼女やその一族の生まれ変わりと見られるネズミが生息している（メーワール王家の守護神ドゥルガー女神の化身と見られる）。

गुलाब बाग ; グラブ・バーグ Gulab Bagh［★☆☆］

シティ・パレスの南に位置し、広大な敷地をもつ庭園のグ

西インド

ラブ・バーグ（薔薇園、サジャン・ニワース庭園ともいう）。19世紀、マハラナ・サジャン・シング（在位1874～84年）によって整備され、美しい芝生や幾種類ものバラが整備、栽培されている。またガゼルやヒョウを飼育する動物園、マハラナ・ファテー・シング（在位1884～1930年）による図書館、ヴィクトリア女王の即位50年を記念して建てられた博物館、クラシック・カーの博物館も位置する。

आहाड़ ; アハール Ahar ［★☆☆］

ウダイプル市街の東3kmに位置するアハール。ここはウダイ

プル王家の墓域で、ドームを載せ、外部に開放的なチャトリ群が残る(本来、ヒンドゥー教徒は墓をつくらないが、イスラム教の影響を受け、ラジャスタンでは王侯の人々の墓がつくられた)。36本もの列柱の上部に白大理石のドームを載せたマハラナ・アマール・シング(在位1596〜1607年)の墓廟はじめ、ウダイプル王族の墓廟が連続してならぶ。また近くのアハール博物館には、紀元前1700年前のインダス文明の出土品、10世紀に制作された仏像などを収蔵する(アハールには古代都市があり、その近くにウダイプルが建設された)。

武勇で知られたマハラナ

ラージプート屈指の名門メーワール王国
この国には戦争、名誉、恋愛、嫉妬など
さまざまな物語が語りつがれている

名誉ある孤立

北インドにムガル帝国が樹立されると、ラージプート諸国はムガルの宗主権を認め、王妃を第3代アクバル帝のもとに送って婚姻関係を結んだ。一方、チットールガルが陥落したあとも、メーワール王家はゲリラ戦で抵抗を続けた。1573年、アンベール（ジャイプル）の王マーン・シングは、ムガルに帰順するように求めたが、ウダイプルのマハラナ・プラターブ・シング（在位1572〜96年）は「異民族に王妃を嫁がせ、その者たちと食事をともにした人間とは会食できない」と固辞した。ウダイプルは4代に渡ってムガル帝国への抵抗を続

INDIA
西インド

け、アクバル帝死後の1614年、ついに降伏した(1926年の
ムガル建国から90年間が過ぎていた)。第4代ジャハンギー
ル帝はウダイプルの武勇と抵抗の精神に敬意を払い、チッ
トールガルを修復しないという条件を出して、ムガル宮廷へ
の出仕を免除(代わりに王子が出仕)、ウダイプル王女たち
がムガル後宮へ入ることも免除、ウダイプルの領土をそのま
ま守った。

3つの家系の争い

ウダイプルとジャイプル、ジョードプルはラージプート御三

▲左　クッションを背にじかに坐るのがラジャスタン・スタイル。　▲右　ガンゴール・ガートでは音楽師に出合った

家とされ、それぞれの氏族が家の格式や利害関係にあわせて婚姻を結んでいた。1806年、ジャイプルのジヤガート・シング王は、ウダイプルの王女キシュナ・クマリに求婚した。それに対して、ジョードプルのマウン・シング王は、ウダイプルの王女はジョードプル王家と婚姻を結ぶ約束があると異議を申したてた。ジヤガート・シング王（ジャイプル）は3000の兵とともに王女キシュナ・クマリ（ウダイプル）を迎えようとしたが、ジョードプルを支援するマラータ族の首長と山賊一味に追い返された。激怒したジヤガート・シング王（ジャイプル）は、今度は10万の大軍でジョードプルを

INDIA
西インド

包囲した。ジャイプルとジョードプル、ふたつの国の板ばさみとなった王女キシュナ・クマリ（ウダイプル）は災いの種となった自分を犠牲（自殺）にすることを選び、ウダイプルの湖畔を静かにながめたあと、毒杯をあおった。

腕輪とラージプート女性の想い

ラージプート女性は、未婚、既婚といった婚姻関係とは別に、「自身の腕輪」を贈ることで「自分を守る騎士（養子兄弟）」を選ぶことができた。男性の側は「真珠のついた胸衣」を送り返して、その申し出を受けることを表明できた。このちぎ

▲左　びっしりと彫刻がほどこされたチットールガルのキルティ・スタンプ。
▲右　青色で塗られた宮殿の間

りは、ラージプート女性の危機に、騎士の男性が馳せ参じることを意味した。メーワール（ウダイプル）王家のある王妃は自身の腕輪をイスラム教徒でムガル帝国第2代フマユーン帝（在位1530～40年、1555～56年）に送り、フマユーン帝もこれに応じた。1535年、グジャラートのイスラム勢力（スルタン・バハドゥール・シャー）によってチットールガルが陥落するという王妃の危機に対して、フマユーン帝は「腕輪のちぎり」を思い出し、チットールガルを再び、メーワール王家（幼いマハラナ・ウダイ・シング2世）のものにとり返したという。

INDIA
西インド

国を滅ぼしかけた踊り子

ウダイプルのマハラナは大体、善政を行なっていたが、強大な力をもっていたがゆえ、ときにその気まぐれで国の命運を左右することもあった。18世紀のウダイプルのある王は、酔っ払って寵愛する舞姫と軽はずみな賭けごとをした。ウダイプルの湖がせばまっているところに綱を渡し、舞姫が綱を渡りきったなら、王の領土の半分を譲るというもの。それ聞いた王族や臣下たちはあせり、踊り子が渡ろうとする綱を引っ張って失敗させ、綱から落ちた踊り子はウダイプル王の気まぐれの犠牲になった。

Guide, New Udaipur
新市街
城市案内

西インド / INDIA

ウダイプル北側の新市街
ゆったりとした街並みとともに
庭園や博物館が位置する

सुखाड़िया सर्कल ;
スクハディア・サークル Sukhadia Circle ［★☆☆］

ウダイプル新市街に位置する円形ロータリーのスクハディア・サークル。頂部の高さは21mになり、大きさの異なる三段の受け皿をへて水が流れる噴水となっている。1968年に建設された。

सहेलियों की बाड़ी ;
サヘリヨン・バリ（侍女の庭）Saheliyon Ki Bari ［★★☆］

サヘリヨン・バリ（侍女の庭）はウダイプルを代表する庭

園で、18世紀のマハラナ・サングラム・シング2世(在位1711〜34年)によって整備された。ドームをもつパヴィリオン、絶えることなく水をたたえる湖、大理石の象とその鼻から出る噴水、さまざまな品種の樹木など嗜好をこらした庭園となっている。「侍女の庭」という名前は、サングラム・シング2世に仕えた48人の美女をさし、そのなかにはムガル第12代皇帝ムハンマド・シャーから送られた女性もいたという(入口の壁面には、侍女たちの絵が見える)。この庭園の海抜はファテ・サーガルよりも低く、水が流れ込まないようあたりは工夫されている。

▲左　王族たちの憩いの場だったサヘリヨン・バリ（侍女の庭）。　▲右　多彩な展示が見られるロク・カラ・マンディル民俗博物館

भारतीय लोक कला मंडल；
ロク・カラ・マンディル民俗博物館（バリティア・ロク・カラ・マンディル）
Bhartiya Lok Kala Mandir ［★★☆］

円錐形の建物上部にドームを載せた外観をもつロク・カラ・マンディル民俗博物館。メーワール（ウダイプル）地方の伝統的な民俗や少数民族の衣装、仮面、細密画、模型のほか、女性が手足にほどこすメヘンディや文様などを展示する。ラジャスタンでは絵語り師ボーパ、人形操りのカトプトリなどの伝統が見られ、豊かな民俗芸能を今に伝えている。

【MEMO】

【地図】ウダイプル新市街の [★★☆]
- [ ] サヘリヨン・バリ（侍女の庭）Saheliyon Ki Bari
- [ ] ロク・カラ・マンディル民俗博物館 Bhartiya Lok Kala Mandir
- [ ] 旧市街 Old Udaipur

【地図】ウダイプル新市街の [★☆☆]
- [ ] スクハディア・サークル Sukhadia Circle
- [ ] ファテー・サーガル Fateh Sagar
- [ ] マハラナ・プラタープ・メモリアル Maharana Pratap Memorial

メーワール王家を支えたビール族

ラジャスタン南部からグジャラート、マディヤ・プラデーシュ北部にかけて暮らす先住民族のビール族(「山の民」)。イン

INDIA
西インド

ドの指定部族のなかではゴンドともに人口が多く、メーワール地方の丘陵地や森林に暮らしている。メーワール王家の即位式ではビール族の指導者が祝福する、メーワール王家の紋章にはビール族の弓が描かれているなど、メーワール王家とビール族は、特殊な関係で結ばれてきた（メーワール王家の紋章には、剣をもつラージプート族と弓をもつビール族が描かれている）。長きに渡って、ウダイプルのマハラナ・プラタープ・シング（在位 1572〜96 年）がムガル帝国とゲリラ戦で戦えたのはビール族の支援があったからだという。

निर्माण विभाग, उदयपु
अधीक्षक उद्यान
लियों की बाड़ी

Guide,
Fateh Sagar

市街北
城市案内

INDIA
西インド

ピチョラ・レイクの双子のように
北側に広がるファテー・サーガル
周囲には風光明媚な丘陵や景勝地が位置する

फ़तेह सागर ; ファテー・サーガル Fateh Sagar ［★☆☆］

ピチョラ・レイクの北側に広がる長さ2.4km、幅1.6kmのファテー・サーガル。1678年、マハラナ・ジャイ・シング（在位1680〜99年）がこの人造湖を整備して、運河でピチョラ・レイクと結んだ。その後、マハラナ・ファテー・シング（在位1884〜1930年）がダムを建設したことから、ファテー・サーガルと名づけられた。

महाराणा प्रताप स्मारक；
マハラナ・プラタープ・メモリアル
Maharana Pratap Memorial ［★☆☆］

ファテー・サーガルの湖畔に立つ愛馬チェタックに乗ったマハラナ・プラタープ・シング（在位1572〜96年）の銅像。マハラナ・プラタープ・シングは強大なムガル帝国の軍勢に対して、アラワリ山脈に立てこもり、20余年に渡って戦い続けた。木の実を食しながらも、ゲリラ戦を続けた王は、ラージプートを代表する英雄と見られている。

INDIA
西インド

नेहरू गार्डन ; ネルー公園 Nehru Garden ［★★☆］

ファテー・サーガルの湖上に浮かぶ島状のネルー公園。美しい芝生がしかれ、四方に白色のチャトリが立つ。湖畔の岸辺からボートが出ていて、ネルー公園の桟橋とのあいだを往来している。ネルー公園という名前は、初代インド首相のネルー首相に由来する。

नीमच माता मंदिर ;
ニーマチマタ寺院 Neemach Mataji Mandir ［★☆☆］

ファテー・サーガル北側の丘陵に立つニーマチマタ寺院。メー

【MEMO】

【地図】ファテーサーガル

【地図】ファテーサーガルの [★★☆]
- [ ] ネルー公園 Nehru Garden
- [ ] シルプグラム Silpgram
- [ ] 旧市街 Old Udaipur
- [ ] サヘリヨン・バリ（侍女の庭）Saheliyon Ki Bari

【地図】ファテーサーガルの [★☆☆]
- [ ] ファテー・サーガル Fateh Sagar
- [ ] マハラナ・プラタープ・メモリアル Maharana Pratap Memorial
- [ ] ニーマチマタ寺院 Neemach Mataji Mandir
- [ ] ラジブ・ガンジー庭園 Rajiv Gandhi Garden

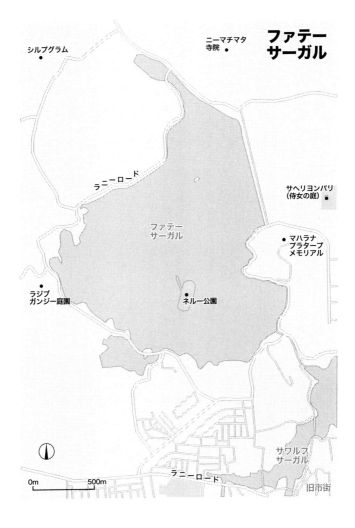

ワール王家の氏族女神がまつられ、この女神はドゥルガー女神と同一視されている。湖畔から山上への参詣路が伸びている。

राजीव गाँधी पार्क；
ラジブ・ガンジー庭園 Rajiv Gandhi Garden [★☆☆]

ファテー・サーガルをのぞむ丘陵を利用して整備されたラジブ・ガンジー庭園。静かな時間が流れ、この公園からは広々とした視界が開けている。

▲左 ウダイプルには豊かな民俗芸能が伝えられている。　▲右　ファテー・サーガルに浮かぶネルー公園

शिल्पग्राम；シルプグラム Silpgram ［★★☆］

ウダイプルの北西3kmに位置するシルプグラムは、メーワール地方の伝統的な工芸や民俗文化を伝える集落（博物館）。ラジャスタンからグジャラートにかけて点在する円形わら葺き屋根の建物が残り、民族衣装、刺繍やビーズ、工芸品、木造彫刻、王や象を描いたラージプート絵画などが展示されている。またラジャスタンのほか、グジャラートの少数民族ラヴァリ族やバンニ族のミラーワーク、マハラシュトラのクーンビーの工芸品などインド西部で受け継がれてきた手工芸品もあつかう。

INDIA
西インド

मोसून पैलेस;
サジャンガル・パレス Sajjangarh Palace ［★☆☆］

ウダイプルの西郊外、アラワリ丘陵の斜面に立つサジャンガル・パレス(モンスーン・パレス)。白く塗りあげられた宮殿で、1884年、マハラナ・サジャン・シング（在位1874〜84年）の時代に建てられた。周囲を山に抱かれ、ここからウダイプルの美しいパノラマが視界に入る。

Guide, Around Udaipur
郊外
城市案内

INDIA
西インド

メーワールの聖地エークレンジーやナートドワラ
世界遺産のクンバルガル
ウダイプル郊外には魅力的な景勝地が点在する

कुम्भलगढ़ ; クンバルガル Kumbhalgarh [★★☆]

クンバルガルは、15世紀のメーワール王国の名君として知られるマハラナ・クンバ（在位1433〜68年）によって建てられた難攻不落の城塞。当時、メーワール王国の都はチットールガルにあり、デリーやグジャラートのイスラム勢力の侵攻を受けるなかで、マハラナ・クンバは王国各地に城塞を築いて防御態勢を整えた（メーワールの84の城塞のうち、32以上がこの王によるという）。クンバルガルは世界遺産「ラジャスタンの丘陵城砦群」のひとつを構成し、山上に登城路が続き、堅牢な城壁と稜堡が見られる。

【MEMO】

【地図】ウダイプル郊外

【地図】ウダイプル郊外の [★★★]
- [ ] チットールガル Chittorgarh

【地図】ウダイプル郊外の [★★☆]
- [ ] クンバルガル Kumbhalgarh
- [ ] ナートドワラ Nathdwara
- [ ] エークレンジー寺院 Eklingji Mandir

【地図】ウダイプル郊外の [★☆☆]
- [ ] ラージサマンド Rajasamand
- [ ] ハルディガーティ Haldighati
- [ ] ジャガト Jagat
- [ ] ジャイサマンド Jaisamand
- [ ] ダンガルプル Dangarpur

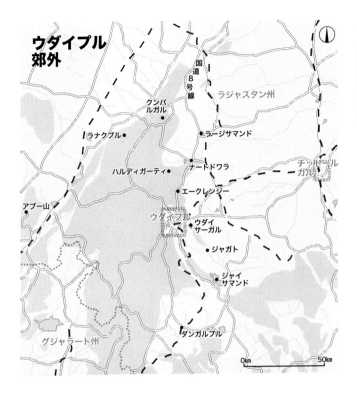

राजसमंद；ラージサマンド Rajasamand［★☆☆］

ウダイプルの北70kmに位置するラージサマンド。マハラナ・ラジ・シング（在位1652〜80年）によって整備された人造湖とガートが残っている。またこの湖のほとりに1671年、クリシュナ神をまつるカンクローリー寺院が建設された。

नाथद्वारा；ナートドワラ Nathdwara ［★★☆］

ナートドワラはクリシュナ神を信仰するヴァッラバ派の聖地で、「神の門」を意味する。7歳のクリシュナ神シュリーナート・ジーを本尊とするシュリー・ゴークルナート寺院を中心に門前街をつくってきた。またここは寺院に仕える絵師集団の拠点とも知られ、「ゴーヴァルダナ山をもちあげるクリシュナ神」「牧女ゴーピーたちと遊ぶクリシュナ神」などが描かれてきた。それらはウダイプルのマハラナなどから注文を受け、布に描かれたこの地方特有の絵画として知られる。

▲左 ラージプート絵画にも繰り返し描かれてきたクリシュナ神。 ▲右 敗北を認めない屈強の戦士たち

クリシュナ神の避難

ムガル帝国第6代アウラングゼーブ帝（在位1658～1707年）は熱心なイスラム教徒で、それまでとられてきたヒンドゥー教とイスラム教の融和策をくつがえすようになった。1669年、クリシュナ神の聖地マトゥラーの信者たちは、神像が破壊されるのを恐れてラジャスタンのマハラジャに庇護を求めて、マトゥラーを脱出した。クリシュナ神の像を牛車に隠して南下し、コーター、ジョードプルと亡命を求めたものの、いずれもムガル帝国の報復をおそれて断られた。こうしたなかムガル帝国からも一目おかれていたウダイプルのマハラ

INDIA
西インド

ナ・ラジ・シング（在位1652〜80年）はこれを受け入れ、一行はウダイプルへ向かった。ウダイプルに着く直前、牛車はぬかるみにはまり、動けなくなったが、これこそクリシュナ神の信託と、そのまま聖地（ナートドワラ）になった。一行が逃れたのち、マトゥラーではアウラングゼーブ帝によってヒンドゥー寺院が破壊された。

हल्दीघाटी ; ハルディガーティ Haldighati ［★☆☆］

ラジャスタン制圧を狙うムガル帝国軍と、ウダイプル軍の一大決戦が行なわれたハルディガーティ。1568年、チットー

ルガルを落とされたウダイプルのマハラナ・プラタープ・シング（在位 1572 〜 96 年）は、アラワリ山脈に逃れてゲリラ戦を続けていた。1576 年、ウダイプルがこの戦いに敗れると、ドゥンガルプルなど周辺の諸侯国はムガルに服属した。こうしたなか 1614 年にウダイプルも降伏し、ムガル帝国は北インドを統一した。

एकलिंगजी मंदिर ;
エークレンジー寺院 Eklingji Mandir ［★★☆］
ウダイプルの北 24km に位置し、メーワール王家の精神的首

INDIA
西インド

都とも言えるエークレンジー。13世紀、グヒラ族（メーワールのシソーディア氏族）にこの地方を統治する信託をあたえたというエーカリンガ神をまつるエークレンジー寺院をはじめ、バーゲラー湖ほとりのサースバフー寺院など108つの寺院が集まる。こうした寺院群は10世紀ごろから建てられ、巨大なシカラ屋根をもつ北インドのヒンドゥー寺院様式となっている。エークレンジー寺院には黒大理石製のシヴァ神像をまつり、ヴィシュヌ（北）、スーリヤ（東）、ブラフマー（西）、マヘーシュワル（南）の4つの顔をあわせもつ。

【MEMO】

【地図】エークレンジー

【地図】エークレンジーの [★★☆]
- [ ] エークレンジー寺院 Eklingji Mandir

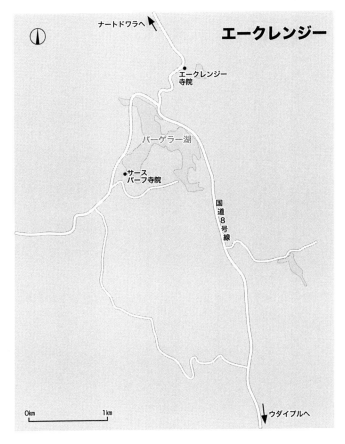

जगत；ジャガト Jagat ［★☆☆］

ドゥルガー女神の化身と見られるアンビカー女神寺院の残るジャガト。961年に建立され、前殿とシカラ屋根の本殿からなる北インドの代表的な様式をしている。ラジャスタンでは

INDIA
西インド

10世紀ごろから巨大なヒンドゥー寺院が現れるようになり、ジャガトは「ラジャスタンのカージュラホ」にもたとえられる。ウダイプルの南東60kmに位置する。

जैसमंद; ジャイサマンド Jaisamand [★☆☆]
ウダイプル郊外に広がるジャイサマンドは、ラジャスタン最大の人造湖として知られる。1685年にマハラナ・ジャイ・シング（在位1680〜99年）によって整備され、マハラナは1691年、ここでトゥラー・ダーンを行なっている（トゥラー・ダーンとは、自身の体重と同じ重さの純金を貧者や寺院に喜

捨する儀式)。あたりは野生動物保護区になっていて、渡り鳥も往来する。

डूंगरपुर ; ダンガルプル Dangarpur ［★☆☆］
ラジャスタンとグジャラートの州境に残る古都ダンガルプル。メーワール王家の分家が宮殿を構えた街で、この街を一望できるジュナ宮殿（旧宮殿）と、19世紀に建てられたウダイ・ヴィラス宮殿（新宮殿）が残る。街は丘陵に展開することから、「丘陵の街」と呼ばれている。

Guide, Chittorgarh
チトル城 城市案内

敗北の屈辱よりも名誉の死を
壮絶な想いと悲劇に彩られた
ラージプート精神の象徴チットールガル

चित्तौड़गढ़；チットールガル Chittorgarh ［★★★］

チットールガルは「チトールのガル（城塞）」を意味し、8世紀、「クシャトリアの父（バッパ・ラウル）」カルボージーによって築かれた。ラジャスタンに残るもっとも古い城塞で、高さ150m、周囲5kmの切りたった崖状の台地に城壁がめぐらされていた。12世紀ごろには宮殿、寺院が整備され、メーワール王家の都がおかれていた（ウダイプルは1559年に築かれ、1568年、アクバル帝によるチットールガルの陥落を受けてウダイプルに遷都された）。あたりには湧き水が湧き、天然の要害であったことから難攻不落で、飢饉にひん

【地図】チットールガルの [★★★]
- [ ] チットールガル Chittorgarh
- [ ] ヴィジャイ・スタンプ（勝利の塔）Vijay Stambh

【地図】チットールガルの [★★☆]
- [ ] ラーナクンバ宮殿 Rana Kumbha Palace
- [ ] キルティ・スタンプ（名誉の塔）Kirti Stambh

【地図】チットールガルの [★☆☆]
- [ ] パドミニ宮殿 Padmini Palace

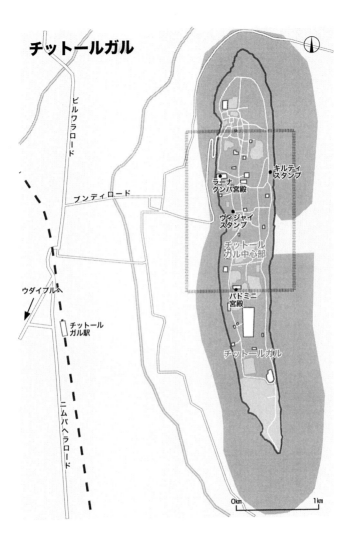

【地図】チットールガル中心部

【地図】チットールガル中心部の [★★★]
- [ ] チットールガル Chittorgarh
- [ ] ヴィジャイ・スタンプ（勝利の塔）Vijay Stambh

【地図】チットールガル中心部の [★★☆]
- [ ] ラーナクンバ宮殿 Rana Kumbha Palace
- [ ] サート・ビース・デオリ寺院 Sat Bees Devri Temple
- [ ] ミーラーバーイ寺院 Meera Mandir
- [ ] キルティ・スタンプ（名誉の塔）Kirti Stambh

【地図】チットールガル中心部の [★☆☆]
- [ ] ファテー・プラカーシュ・パレス Fateh Prakash Palace
- [ ] カーリー女神寺院 Kalika Mata Mandir
- [ ] パドミニ宮殿 Padmini Palace

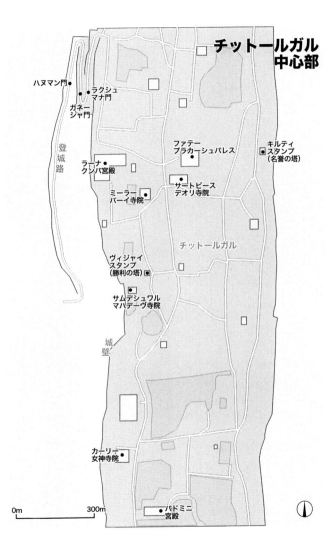

INDIA
西インド

したり、敵がよほど強大でない限り、この城を落とすことはできなかった。こうしたなか中世以来、イスラム勢力の侵攻を受けたチットールガルのラージプート戦士と女性たちは敵への敗北を受け入れず、ここで三度に渡って壮絶な集団自決をとげ数千人から数万人の生命が失われた。山上にあった集落は1568年、山麓に遷され、17世紀にメーワール王家がムガル帝国の宗主権を認めた際、「チットールガルを再建しない」ことが条件に出された。この城塞はウダイプルのメーワール王家だけでなく、ラージプート全体にとって特別の意味をもつ。

▲左　チットールガルへ続く城門。　▲右　城壁がめぐらされた難攻不落の城

三度、敢行された集団自決

誇り高き騎士階級のラージプートでは、生きて敵の辱めを受けず、男性、女性とも死を選ぶ集団自決が行なわれてきた（敵の捕虜となった女性は、ペルシャの奴隷市に売られるなどした）。チットールガルでは三度、この悲劇が繰り返され、一度目は1303年、デリー・サルタナット朝のムハンマド・ハルジーの手に落ちることを避けるため、メーワールの王妃パドミニ、ラージプート女性たちは炎のなかに飛び込んでいった。二度目は1535年、グジャラートのスルタン・バハドゥール・シャーの攻撃を受けたとき、1万3000人のラージプー

INDIA
西インド

ト女性が炎に身を投じ、3万2000人の男たちがサフラン色の死に装束をまとって敵の前に突撃し、玉砕した。三度目はムガル帝国のアクバル帝の攻撃による1568年で、8000人のラージプート女性が炎のなかへ飛び込んだ。アクバル帝はラージプートの武勇をたたえ、その武将ジャイマとパッターの像を都アーグラの城に建てたという。

कुम्भा पैलेस；ラーナクンバ宮殿 Rana Kumbha Palace[★★☆]

メーワール王国を代表する名君マハラナ・クンバ（在位1433〜68年）によるラーナクンバ宮殿。メーワール王国の

▲左　廃墟となったラーナクンバ宮殿。　▲右　ジャイナ教のサート・ビース・デオリ寺院内部

シソーディア氏族は728年ごろからチットールガルに拠点をおき、12世紀には宮殿や寺院、城壁などが整備されていた。マハラナ・クンバが君臨した15世紀、周囲のイスラム教徒との戦いのなかで、メーワール王国の勢力は確固たるものとなった（王は文武両道で、学問を保護したことから、メーワールの宮廷文化はラジャスタンでもっとも豊かだと知られていた）。現在、廃墟となった宮殿跡には階段や列柱、ドームをもつチャトリなどが残っている。この宮殿の地下洞窟で、燃えさかる炎に身を投じた女性の集団自決（ジャワハル / サティ）が行なわれたという。

INDIA
西インド

फ़तेह प्रकाश पैलेस;
ファテー・プラカーシュ・パレス Fateh Prakash Palace[★☆☆]

ファテー・プラカーシュ・パレスは、20世紀初頭、マハラナ・ファテー・シング（在位1884～1930年）によって建てられた宮殿。現在、ガバメント・ミュージアムとして開館していて、ヒンドゥー彫刻、ラージプート絵画を展示するほか、チットールガルの歴史を伝える。

सैट बीस डोरी मंदिर;
サート・ビース・デオリ寺院 Sat Bees Devri Temple[★★☆]

14世紀に建てられたジャイナ教のサート・ビース・デオリ寺

▲左　高さ37mのヴィジャイ・スタンプ（勝利の塔）。　▲右　クリシュナ神へ捧げられたミーラーバーイ寺院

院。チットールガルに立つジャイナ教寺院のなかで最大のもので、柱、壁面、シカラにびっしりと彫刻がほどこされている。ジャイナ教は非暴力、不殺生など厳格、禁欲的な教義で知られ、12世紀ごろから西インドで強い力をもつようになった。

मीराँबाई का मंदिर；
ミーラーバーイ寺院 Meera Mandir ［★★☆］

15世紀に生きたミーラーバーイはアジメール近くのメールター国の王女で、メーワール王家に嫁いできた。夫の死後、熱烈なクリシュナ信仰者となり、家を出て、クリシュナ神へ

INDIA
西インド

の愛を詠った(当時、北インドではチャイタニヤなどの影響もあって、ヴィシュヌ派のクリシュナ信仰が広まっていたが、メーワール王家はシヴァ派だった)。このミーラーバーイ寺院にはクリシュナ神がまつられ、前殿とシカラ屋根をもつ本殿、配殿をもつ様式で、1449年にマハラナ・クンバ(在位1433〜68年)によって建立された。

विजय स्तम्भ；
ヴィジャイ・スタンプ(勝利の塔) Vijay Stambh [★★★]

チットールガルの中心部に高くそびえるヴィジャイ・スタン

▲左　堂々と屹立するキルティ・スタンプ（名誉の塔）。　▲右　独特の「目」をもつ女神をまつったサムデシュワル・マハデーヴ寺院

プ（勝利の塔）。メーワール王家を代表する名君マハラナ・クンバ（在位 1433 ～ 68 年）が 1440 年に建てた戦勝記念塔で、9層、高さは37mになる（チットールガル東のマールワーのスルタン・マフムードを破った記念）。外部、内部ともに壁面にはびっしりと彫刻がほどこされ、157 段の方形状螺旋階段が上部へ続く。上層部は 8 層目がより大きくなる構造をもち、現存するヒンドゥー様式の塔としてキルティ・スタンプとともに大変貴重なものとなっている。またヴィジャイ・スタンプの近くには、この地方土着の女神をまつるサムデシュワル・マハデーヴ寺院も位置する。

INDIA
西インド

कीर्ति स्तम्भ；
キルティ・スタンプ（名誉の塔）Kirti Stambh［★★☆］

チットールガルに立つジャイナ教のキルティ・スタンプ（名誉の塔）。スタンプとは「塔」を意味し、このキルティ・スタンプは12世紀の建立とも、15世紀の建立とも言われる。塔は7層、高さ22mとなっていて、上部からは四方を眺望できるほか、ジャイナ教初代祖師アディナータはじめ、ジャイナ教祖師の彫像などがびっしりとほられている（ジャイナ教では開祖マハーヴィラ以前に23人の祖師がいると考えられている）。そばにはジャイナ教寺院も残っている。

▲左　絶世の美女と謳われた王妃の名前がつけられたパドミニ宮殿。　▲右　樹木に願をかける人も見られるカーリー女神寺院

कलिका माता मंदिर；
カーリー女神寺院 Kalika Mata Mandir ［★☆☆］

大地母神カーリー女神をまつるこぢんまりとしたヒンドゥー寺院。8世紀、ここには太陽神スーリヤをまつる寺院があり、14世紀にカーリー女神寺院となった。女神は疫病をもたらす一方、生命を育む二面性をもつという。

पद्मिनी का महल；パドミニ宮殿 Padmini Palace ［★☆☆］

14世紀、「絶世の美女」と謳われたメーワール王妃パドミニの名前を冠したパドミニ宮殿。一説によれば、デリーのムハ

INDIA
西インド

ンマド・ハルジーは1303年、ラタン・シングの王妃パドミニを手に入れるためチットールガルに兵を進めたとも言われる（ムハンマド・ハルジーは包囲中に入城を認められ、鏡に映るパドミニを見ることを許されたという）。パドミニ王妃は敵の手に落ちることなく、自ら火中に身を投じた物語は、叙事詩『パドゥマーヴァット』にも描かれている。この宮殿は19世紀に建てられたもので、そばには貯水池と湖上に立つ宮殿が見られる。

チトル城城市案内

ラジャスタン屈指の要衝

メーワール王国という名前は、この地方に暮らしていたメーワ（メール）という部族民に由来するという。このメーワール王国のチトールガルがたびたび敵の侵入を受けたのは、デリー、アーグラといったインド政治の中心地と、インドでもっとも栄えたグジャラートの海港（スーラトなど経済の中心）の街道上にあたったことによる。またインド亜大陸北西部のデリーやラホールを拠点にしたイスラム勢力にとって、デカン高原へ進出するためには、その途上にあるアラワリ山脈を越える必要があり、チトールガルやグワリオールが軍事的な要衝としてはずせない地となっていた。

城市のうつりかわり

人々を守る騎士階級を自認するラージプート
なかでもウダイプルのメーワール王家は
別格の格式をもつ王家のなかの王家

古代（〜13世紀）

ウダイプルのメーワール王家（シソーディア氏族）は、太陽神の末裔に系譜をさかのぼり、ラージプート諸族のなかでももっとも由緒正しい家柄だとされる（ラージプート諸族は、5世紀ごろ、中央アジアからインドに侵入した部族や、ヒンドゥー教の枠外にいた民族を出自とし、8〜12世紀、北インドに諸王朝を築いて古代クシャトリアの末裔だと自認した）。7世紀ごろ、ラジャスタン南部にいたグヒロート氏族を祖先とし、728年ごろ、この氏族の英雄カルボージーがチットールガルに拠点を構えて以来、メーワール地方を根拠地と

西インド

している。グヒロート氏族は12世紀ごろまで小豪族だったが、イスラム勢力の侵入を受けて周囲の勢力が弱体化するなかで台頭し、13世紀、メーワールを統一してこの地域の盟主となった。

都チットールガル（14〜16世紀）

1303年、デリーに都をおいたハルジー朝の侵攻を受けて、チットールガルのグヒラ朝は一旦、滅亡し、その傍系のハンミーラが1326年に王家を再興した（シソーディア氏族は、グヒロート氏族の一支族）。メーワール王家の勢力が大きく

Udaipur 城市のうつりかわり

▲左 メーワール女性の伝統的な衣装。　▲右 ラジャスタンでもっとも大きいというマハラナの宮殿

なるのは、15世紀のマハラナ・クンバ（在位1433～68年）の時代で、イスラム勢力の西のグジャラート王国、東のマールワー王国と勢力争いをするなかで、ヒンドゥー勢力の牙城を守った。このときラジャスタンでは、メーワール（ウダイプル）王国と、マールワール（ジョードプル）王国が二巨頭となっていた。また1526年、より強大なイスラム王朝のムガル帝国が樹立されると、マハラナ・サングラム・シング（在位1509～27年）はラージプート諸国をたばねてバーブル帝にあたったが敗れ去った。

INDIA
西インド

ウダイプルの造営（16〜18世紀）

たびたびチットールガルが侵略を受けるなかで、マハラナ・ウダイ・シング2世はアルワリ山脈のふもとに逃れ、1599年、ウダイプルが造営された。1568年、第3代アクバル帝が壮絶な戦いのすえにチットールガルを攻略すると、メーワール王家はウダイプルに遷都した。アンベール（ジャイプル）王家、マールワール（ジョードプル）王家をはじめとするラージプート諸国がムガル帝国の宗主権を認めるなか、メーワール（ウダイプル）王家は最後まで戦いを続けた。結局、アクバル帝死後の1614年までウダイプルは抵抗を続け、その武勇と抵

▲左 音楽を奏でる女性のミニチュア。 ▲右 下から見たキルティ・スタンプ（名誉の塔）、チットールガルにて

抗の精神はムガル皇帝も敬意を表するところとなり、ムガル時代を通じて名誉ある孤立が保たれた（半独立状態だった）。この時代、ピチョラ・レイク湖畔の宮殿が次々に拡張され、また数々の人造湖が開削されるなどウダイプルは整備されていった。

ウダイプル藩王国（18〜20世紀）

ムガル帝国の枠組みに入らなかったゆえに、ウダイプルはジャイプルやジョードプルといった街にくらべて産業、経済の面で遅れをとることになった。また第6代アウラングゼー

INDIA
西インド

ブ帝(在位1658～1707年)がイスラム教を重視したため、ラージプート諸国は離反し、ムガル帝国は弱体化していった。こうしたなか1724年、南のデカンのマラータ勢力がウダイプルに侵入し、北インドに勢力を伸ばしていった。ムガル帝国が弱体化するなかで、コルカタに植民都市をつくっていたイギリスも拡大を続け、やがてマラータ戦争（1775～1818年）をへて、1818年以降、ウダイプルはイギリスの保護国となった。イギリス統治下では、マハラナの統治権が認められ、半独立状態は続いた。またイギリスはラージプートの伝統を尊重し、ウダイプルを最高位の藩王国としてあつかった。

Udaipur 城市のうつりかわり

現代（20世紀〜）

1947年の印パ分離独立にあたって、ラジャスタンには20ほどの藩王国があり、これらがひとつの州にまとまってジャイプルに州都がおかれた（ウダイプルのマハラナは、重要な役職につくなどの配慮がなされた）。マハラナの王族としての特権がなくなったことから、ウダイプルの宮殿はホテルに転用され、多くの人が美しい観光地「水の都」を訪れるようになった。またラジャスタン州南部の商業中心地であるほか、デリーからジャイプル、ウダイプルをへて、アーメダバード、ムンバイへ通じるインドの大動脈国道8号線が走る要衝という性格ももっている。

参考文献

『世界歴史の旅北インド』(辛島昇・坂田貞二 / 山川出版社)

『インド建築案内』(神谷武夫 /TOTO 出版)

『印度藩王国』(ウイリアム・バートン / 中川書房)

『ムガル帝国から英領インドへ』(佐藤正哲 / 中央公論社)

『インドミニアチュール幻想』(山田和 / 文藝春秋)

『イスラムの造景文化』(岡崎文彬 / 同朋舎出版)

『女神祭祀の変容』(三尾稔 / 民族學研究)

『世界歴史大系南アジア史』(小谷汪之 / 山川出版社)

『インド史』(ロミラ = ターパル / みすず書房)

『ウダイプル・オフィシャル・ウェブサイト』http://udaipur.nic.in/

『世界大百科事典』(平凡社)

まちごとパブリッシングの旅行ガイド
Machigoto INDIA , Machigoto ASIA , Machigoto CHINA

【北インド - まちごとインド】

001 はじめての北インド
002 はじめてのデリー
003 オールド・デリー
004 ニュー・デリー
005 南デリー
012 アーグラ
013 ファテープル・シークリー
014 バラナシ
015 サールナート
022 カージュラホ
032 アムリトサル

【西インド - まちごとインド】

001 はじめてのラジャスタン
002 ジャイプル
003 ジョードプル
004 ジャイサルメール
005 ウダイプル
006 アジメール（プシュカル）
007 ビカネール
008 シェカワティ
011 はじめてのマハラシュトラ
012 ムンバイ
013 プネー
014 アウランガバード
015 エローラ
016 アジャンタ
021 はじめてのグジャラート
022 アーメダバード
023 ヴァドダラー（チャンパネール）
024 ブジ（カッチ地方）

【東インド - まちごとインド】

002 コルカタ
012 ブッダガヤ

【南インド - まちごとインド】

001 はじめてのタミルナードゥ
002 チェンナイ
003 カーンチプラム
004 マハーバリプラム
005 タンジャヴール
006 クンバコナムとカーヴェリー・デルタ
007 ティルチラパッリ
008 マドゥライ
009 ラーメシュワラム
010 カニャークマリ
021 はじめてのケーララ
022 ティルヴァナンタプラム
023 バックウォーター（コッラム～アラップーザ）
024 コーチ（コーチン）
025 トリシュール

【ネパール - まちごとアジア】

001 はじめてのカトマンズ
002 カトマンズ
003 スワヤンブナート

004 パタン
005 バクタプル
006 ポカラ
007 ルンビニ
008 チトワン国立公園

【バングラデシュ - まちごとアジア】

001 はじめてのバングラデシュ
002 ダッカ
003 バゲルハット（クルナ）
004 シュンドルボン
005 プティア
006 モハスタン（ボグラ）
007 パハルプール

【パキスタン - まちごとアジア】

002 フンザ
003 ギルギット（KKH）
004 ラホール
005 ハラッパ
006 ムルタン

【イラン - まちごとアジア】

001 はじめてのイラン
002 テヘラン
003 イスファハン
004 シーラーズ
005 ペルセポリス
006 パサルガダエ（ナグシェ・ロスタム）
007 ヤズド
008 チョガ・ザンビル（アフヴァーズ）
009 タブリーズ
010 アルダビール

【北京 - まちごとチャイナ】

001 はじめての北京
002 故宮（天安門広場）
003 胡同と旧皇城
004 天壇と旧崇文区
005 瑠璃廠と旧宣武区
006 王府井と市街東部
007 北京動物園と市街西部
008 頤和園と西山
009 盧溝橋と周口店
010 万里の長城と明十三陵

【天津 - まちごとチャイナ】

001 はじめての天津
002 天津市街
003 浜海新区と市街南部
004 薊県と清東陵

【上海 - まちごとチャイナ】

001 はじめての上海
002 浦東新区
003 外灘と南京東路
004 淮海路と市街西部
005 虹口と市街北部
006 上海郊外（龍華・七宝・松江・嘉定）
007 水郷地帯（朱家角・周荘・同里・甪直）

【河北省 - まちごとチャイナ】

001 はじめての河北省
002 石家荘
003 秦皇島
004 承徳
005 張家口
006 保定
007 邯鄲

【江蘇省 - まちごとチャイナ】

001 はじめての江蘇省
002 はじめての蘇州
003 蘇州旧城
004 蘇州郊外と開発区
005 無錫
006 揚州
007 鎮江
008 はじめての南京
009 南京旧城
010 南京紫金山と下関
011 雨花台と南京郊外・開発区
012 徐州

【浙江省 - まちごとチャイナ】

001 はじめての浙江省
002 はじめての杭州
003 西湖と山林杭州
004 杭州旧城と開発区
005 紹興
006 はじめての寧波
007 寧波旧城
008 寧波郊外と開発区
009 普陀山
010 天台山
011 温州

【福建省 - まちごとチャイナ】

001 はじめての福建省
002 はじめての福州
003 福州旧城
004 福州郊外と開発区
005 武夷山
006 泉州
007 厦門
008 客家土楼

【広東省 - まちごとチャイナ】

001 はじめての広東省
002 はじめての広州
003 広州古城
004 天河と広州郊外
005 深圳（深セン）
006 東莞
007 開平（江門）
008 韶関
009 はじめての潮汕
010 潮州
011 汕頭

【遼寧省 - まちごとチャイナ】

001 はじめての遼寧省
002 はじめての大連
003 大連市街
004 旅順
005 金州新区

006 はじめての瀋陽
007 瀋陽故宮と旧市街
008 瀋陽駅と市街地
009 北陵と瀋陽郊外
010 撫順

【重慶 - まちごとチャイナ】

001 はじめての重慶
002 重慶市街
003 三峡下り（重慶〜宜昌）
004 大足

【香港 - まちごとチャイナ】

001 はじめての香港
002 中環と香港島北岸
003 上環と香港島南岸
004 尖沙咀と九龍市街
005 九龍城と九龍郊外
006 新界
007 ランタオ島と島嶼部

【マカオ - まちごとチャイナ】

001 はじめてのマカオ
002 セナド広場とマカオ中心部
003 媽閣廟とマカオ半島南部
004 東望洋山とマカオ半島北部
005 新口岸とタイパ・コロアン

【Juo-Mujin（電子書籍のみ）】

Juo-Mujin 香港縦横無尽
Juo-Mujin 北京縦横無尽
Juo-Mujin 上海縦横無尽

【自力旅游中国 Tabisuru CHINA】

001 バスに揺られて「自力で長城」
002 バスに揺られて「自力で石家荘」
003 バスに揺られて「自力で承徳」
004 船に揺られて「自力で普陀山」
005 バスに揺られて「自力で天台山」
006 バスに揺られて「自力で秦皇島」
007 バスに揺られて「自力で張家口」
008 バスに揺られて「自力で邯鄲」
009 バスに揺られて「自力で保定」
010 バスに揺られて「自力で清東陵」
011 バスに揺られて「自力で潮州」
012 バスに揺られて「自力で汕頭」
013 バスに揺られて「自力で温州」

【車輪はつばさ】
南インドのアイラヴァテシュワラ寺院には建築本体に車輪がついていて寺院に乗った神さまが人びとの想いを運ぶと言います。

・本書はオンデマンド印刷で作成されています。
・本書の内容に関するご意見、お問い合わせは、発行元のまちごとパブリッシング info@machigotopub.com までお願いします。

まちごとインド
西インド005ウダイプル
～武勇王と豪奢な「湖畔宮殿」［モノクロノートブック版］

2017年11月14日　発行

著　者	「アジア城市（まち）案内」制作委員会
発行者	赤松　耕次
発行所	まちごとパブリッシング株式会社 〒181-0013　東京都三鷹市下連雀4-4-36 URL http://www.machigotopub.com/
発売元	株式会社デジタルパブリッシングサービス 〒162-0812　東京都新宿区西五軒町11-13 清水ビル3F
印刷・製本	株式会社デジタルパブリッシングサービス URL http://www.d-pub.co.jp/

MP018

ISBN978-4-86143-152-4 C0326　　　Printed in Japan
本書の無断複製複写（コピー）は、著作権法上での例外を除き、禁じられています。